부릉부릉

배송 완료

보낸분: **택배가**
받는분: **우리 집에 오기까지**

율리아 뒤르 글·그림
윤혜정 옮김

세계 곳곳에서

원료는 전 세계의 특정한 장소에서 퍼내고, 캐내고, 거두어들입니다.

즉 많은 사람이 우리가 쓰는 물건을 만들기 위해 일하고 있다는 의미랍니다.

손으로, 기계로 말이지요.

사탕무는 땅에서 캡니다.

헤이즐넛은 손으로 따요.

우유를 얻기 위해 젖소의 젖을 짭니다.

카카오는 카카오나무에서,

팜유는 야자나무에서 뽑아내요.

나무는 베어 냅니다.

철광석은 땅속에서 캐냅니다.

석유는 땅속에서 퍼냅니다.

원료는 여러 곳에서 채취한 후에 가공됩니다. 이 과정은 세계 곳곳에서 이루어져요. 그리고 비행기, 배, 트럭이나 기차에 실려 다른 장소로 옮겨집니다.

아주 먼 거리를 이동하지요.

여러분은 지금 초코스프레드와 인형과 의자의 여행을 따라가 볼 거예요.

초코스프레드가 우리 집에 오기까지

카카오

카카오는 카카오 열매 속 씨에서 만들어져요.

카카오는 열대성 기후에서만 자랍니다.

카카오나무

카카오 농장에서 칼을 사용해 열매를 따요.

카카오 열매에서 씨를 발라낸 뒤

바나나 잎으로 덮습니다.

2주 뒤, 카카오 씨는 맛이 크게 변합니다. 발효가 되지요.

카카오 씨를 햇볕에 말리고 자루에 담아요.

자루들을 차로 실어 한곳에 모으고, 무게를 재고, 확인한 뒤 컨테이너에 실어요.

트럭이 컨테이너를 항구로 운반하고, 컨테이너는 배에 실립니다.

헤이즐넛

나무를 흔들어 떨어진 헤이즐넛을 줍고…

바람에 건조시킨 다음…

기계에 넣어 껍질을 분리하고 자루에 담아요.

껍질 분리기 (탈곡기)

우리가 먹는 헤이즐넛은 대부분 튀르키예에서 옵니다.

트럭에 실어 초코스프레드를 만드는 공장으로 옮깁니다.

지방

스프레드의 지방은 대부분 야자열매에서 뽑아내요.

야자나무는 기온이 따뜻한 나라에서 자라요.

수확한 야자열매는 공장으로 운반됩니다.

공장에서 야자열매를 짜내 뽑은 기름을 팜유라고 해요.

컨테이너를 이용해 팜유를 항구로 운반한 뒤 배에 실습니다.

우유

우유는 젖소에서 짜요.

우유는 공장에서 분유로 가공됩니다.

우유는 공장 근처의 목장에서 가져옵니다.

트럭이 자루에 넣은 분유를 초코스프레드 공장으로 운반해요.

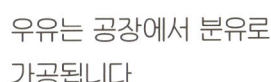

설탕

설탕은 사탕무나 사탕수수로 만들어요.

사탕무는 폴란드나 독일에서 잘 자라요.

사탕무를 땅에 심고 기계로 수확합니다.

공장에서 사탕무를 시럽으로 만든 다음 하얀 설탕으로 만들어요.
설탕은 탱크로리로 운송됩니다.

초코스프레드 공장에서 모든 재료의 무게를 측정하고 가열한 다음 조리법에 따라 모두 섞어요.

이제 초코스프레드를 유리병에 담고, 운반대에 실어…

트럭으로 운송합니다.

솜 인형

솜 인형은 석유로 만들어요.

석유는 땅 아래, 예를 들어 해저에서 발견됩니다. 석유를 끌어 올리기 위해 굴착 장치로 땅에 깊은 구멍을 뚫습니다.

이곳에서 일하는 사람은 헬기로 이동해요.

헬리콥터 착륙장

숙소

석유 시추대

유조선

시추대는 대형 부표 위에 떠 있어요.

부표

시추대에서 일하는 것은 아주 힘들어요. 그곳에서 일하면 주말도 없고 가족과 떨어져 지내야 해요.

바닷속은 너무 깊어서 사람이 직접 들어가 일할 수 없습니다.

사람들은 잠수함을 원격으로 조종하고, 잠수함이 고장 난 곳이 없는지 확인합니다.

해저에 내린 닻

이 파이프로 석유를 퍼 올립니다.

석유는 수백만 년 전에 형성되었고, 땅속 깊은 곳에서 발견됩니다.

석유

석유는 걸쭉하고 짙은 갈색으로, 검은색에 가깝습니다.

석유는 지구의 땅속과 바닷속에서 뽑아냅니다. 특히 사우디아라비아와 카스피해에 많습니다.

솜 인형의 털과 눈, 인형 속의 솜은 플라스틱으로 만들어졌어요.

페트
*플라스틱의 한 종류.

폴리에스테르 *주름이 잘 가지 않고 모양도 잘 변하지 않는 합성 섬유의 한 종류.

플라스틱은 석유로 만들어져요.

페트병과 솜 인형의 천은 같은 원료로 만들어집니다.

석유를 찾는 일은 매우 복잡합니다. 우선 땅에 구멍을 뚫어요.

석유가 발견되면, 파이프를 통해 퍼 올립니다.

드릴 헤드

채굴대에서 하는 일은 위험해요. 고도의 집중력이 필요하고, 항상 보호복을 입어야 합니다.

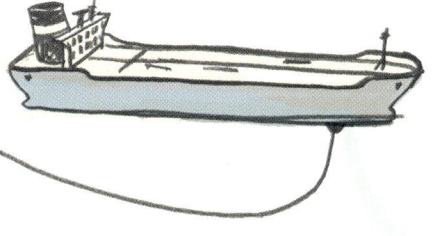

유조선이 시추대에서 석유를 가져옵니다. 그리고 석유를 정유 공장으로 옮깁니다.

이곳에서 석유를 나프타로 가공 처리합니다.

나프타는 탱크로리에 실려 플라스틱 공장으로 운송됩니다.

공장에서 다른 물질들과 혼합하여 작은 플라스틱 조각들을 만듭니다.

다른 공장에서 이 플라스틱 조각들을 녹여 얇은 폴리에스테르 실로 만듭니다.

폴리에스테르 실로 솜 인형의 원단을 짭니다. 이 일은 기계가 해요.

사람들이 원단으로 솜 인형을 만들어요.

그리고 인형들은 포장되어 컨테이너에 실립니다.

컨테이너는 항구로 옮겨져 거대한 컨테이너선에 실립니다.

나사

 철광석

철광석은 수천 년 전 화산이 폭발한 곳에 많이 있습니다.

나사는 철로 되어 있어요. 철은 철광석이 원료예요.
철광석은 광산에서 캐냅니다.

먼저 광산을 폭파해요.

그런 다음 떨어져 나온 돌들을 굴착기로 퍼서 대형 화물차에 싣습니다.

120톤 적재

대형 화물차

대형 화물차는 다른 암석과 섞여 있는 철광석을 가공 처리장으로 가져가요.

그곳에서 철광석은 다른 광석들과 분리된 뒤 덤프트럭에 실립니다.

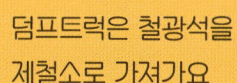

덤프트럭은 철광석을 제철소로 가져가요.

철광석은 제철소에서 불순물을 걸러 낸 뒤 철로 만들어집니다.

트럭이 나사 공장에 철을 가져다줍니다.

트럭이 나사와 널빤지를 가구 공장으로 가져갑니다. 그곳에서 의자의 각 부분들을 크기에 맞게 자르고 나사를 끼워 포장합니다.

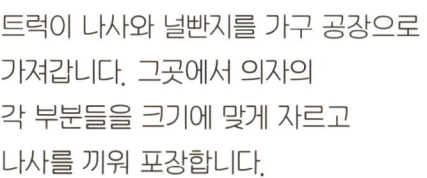

트럭이 의자들을 실은 컨테이너를 화물역으로 옮긴 뒤 열차에 싣습니다.

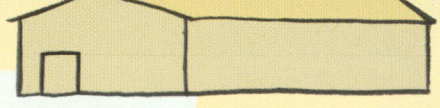

전 세계

초코스프레드와 인형과 의자가 전 세계로 운송되는 모습을 위에서 본다면 이럴 거예요. 우리를 비롯한 많은 사람이 매일 필요로 하는 물건들은 이와 같은 방식으로 운송돼요.

공장, 기차, 트럭, 배 등은 알아보기 쉽게 훨씬 더 크게 그려졌어요. 원래 지도에서는 전혀 보이지 않아요. 실제로는 아주 작으니까요.

배는 컨테이너항에서 컨테이너항까지만 갈 수 있고, 기차는 화물역에서 화물역까지, 비행기는 공항에서 공항까지만 갈 수 있지만 트럭은 도로만 있다면 어디든 다닐 수 있어요.

독일 함부르크

북미

넌 어디에 살아?

배 한 대당 최대 2만 5,000개의 컨테이너

유럽

18일

콜롬비아에서 유럽까지 컨테이너선으로

콜롬비아 카르타헤나

남미

15일

코트디부아르 아비장

코트디부아르에서 유럽까지 컨테이너선으로

이곳에 넓은 운하를 판 덕분에 대형 선박이 통과할 수 있어요. 수에즈 운하가 없다면 배는 아프리카를 빙 돌아서 가야 해요.

아프리카

시속 3~4km

오늘날에는 사람이 걸어서 배송해 주는 물건은 없어요. 집배원도 자전거를 타고 다니지요.

시속 30~45km

세계의 한쪽 끝에서 다른 쪽 끝까지 가야 하고, 서두르지 않아도 되는 물건들은 컨테이너선으로 운송해요.

초코스프레드
- 설탕
- 카카오
- 우유
- 지방
- 헤이즐넛

솜 인형
- 석유

의자
- 철광석
- 목재

북동 항로

이 항로는 항상 얼음으로 덮여 있어 배가 다닐 수 없었어요. 그러나 기후가 따뜻해지면서 북동 항로가 점점 더 자주 이용되고 있어요.

아시아

러시아

기차 한 량당 최대 60개의 컨테이너

중국에서 유럽까지 기차로
16일

4일
튀르키예에서 독일까지 트럭으로

중국

10시간
인도에서 유럽까지

상하이 중국

쿠알라 말레이시아

30일
말레이시아에서 유럽까지 컨테이너선으로

아주 다양한 물건들이 들어 있는 컨테이너가 배에 실려요.

32일
중국에서 유럽까지 컨테이너선으로

시속 80km
멀지 않은 곳으로 보낼 물건은 트럭으로 운송됩니다.

시속 90~120km
육로로 멀리 가야 하고, 급하지 않은 물건은 기차로 운송되지요.

시속 800~900km
아주 급하고 부피가 너무 크지 않은 물건은 비행기로 운송됩니다.

물물 교환과 거래

모든 낱낱의 부품이나 완제품은 세계의 어느 한 곳에서 다른 곳으로 운송됩니다.

옛날에도 세계는 지금처럼 컸지만, 운송은 훨씬 더 오래 걸렸습니다.

상품이 교환되고 거래되는 나라들을 지나는 길은 아주 오래전부터 있었어요.

예전에는 낙타, 나귀, 말, 수레를 이용하거나, 걸어서 물건을 날랐어요.

오늘날 걸어서 인형을 나른다면…

중국 상하이에서 독일 베를린까지는 320일이 걸려요.

1,000년 전에는 더 오래 걸렸어요. 실크로드를 가로지르는 길은 높은 산을 수도 없이 넘어야 했지요.

보다 쉽게 산을 넘고 강을 건너기 위해 우리는 세상을 바꿨습니다.

길을 닦아 도로를 만들고, 다리를 놓고, 터널을 뚫고…

철도를 놓고…

흙과 돌을 폭파하고, 실어 나르고…

강줄기를 곧게 내고…

 나무를 벱니다.

증기 기관의 발명은 무엇보다
여행과 운송을 바꿨습니다.
배는 더 이상 바람에 의존하지 않고
더 빨리 바다를 건널 수 있게 되었지요.

석유의 발견으로 모든 것이 변했어요.
석유는 쓰임새가 아주 다양합니다. 20세기 초부터
석유 덕분에 차를 움직일 수 있게 되었지요.

이제 자동차는 더 빨라졌어요. 기계는 더
강해졌고요. 도로는 아스팔트로 포장되고
확장되었습니다.

한 나라에서 다른 나라로
이동하고, 물건을 보내는 일이
점점 더 쉬워지고 있지요.

도로포장 기계

그러나 한 차량에서 다른 차량으로
짐을 내리고 옮겨 싣는 데에는
여전히 많은 시간이 걸립니다.

컨테이너는 1956년에 발명되었습니다.
컨테이너가 나오면서 모든 것이 간편해졌지요.

견고함

6,096m 길이의
컨테이너(20피트)

12,192m 길이의
컨테이너(40피트)

컨테이너에는 많은 화물이 들어갑니다. 층층이 쌓을 수도
있는 컨테이너는 전 세계적으로 통용되는 두 가지 규격이
있는데, 바로 TEU와 FEU입니다.

컨테이너는 크레인과 컨테이너 지게차로
한 차량에서 다른 차량으로 간편하게
옮겨 실을 수 있어요.

컨테이너는 기차와 트럭,
배에 실을 수 있습니다.

오늘날 인터넷 덕분에 전 세계적으로 매우 빠른 통신이 가능해졌습니다.
주문이 훨씬 빠르게 이루어지고, 덜 복잡해지고, 더 저렴해지고,
더 많은 물건이 전 세계로 매일 운송되고 있지요.

컨테이너항

세계에서 가장 큰 배들이 이곳에서 짐을 싣고 내립니다. 밤낮으로 작업이 이루어지지요. 컨테이너가 들어오고, 보관되고, 컨테이너 차량에 실립니다.

항만 관리 사업소

검사원

화물이 실린 컨테이너를 옮기기 위해 세미트레일러가 옵니다.

세미트레일러
• 앞쪽에는 바퀴가 없이 견인차에 연결하는 트레일러.

갠트리 크레인
• 받침 장치가 달린 대형 크레인.

크레인 기사

갠트리 크레인 기사가 트럭에 짐을 싣습니다. 어떤 컨테이너를 어떤 트럭에 실을지는 항만 관리 사업소의 지시 사항이 담긴 모니터를 보며 작업해요.

야적장

솜 인형을 실은 컨테이너를 내립니다.

컨테이너 크레인

무인 운반차

무인 운반차가 컨테이너를 야적장으로 옮깁니다.

크레인 기사

컨테이너 크레인 기사가 배의 컨테이너를 크레인으로 들어 올립니다.

국제 배송

컨테이너 2만 개

화물

길이 350m

예인선이 도선사의 도움을 받아 배들이 부두에 정박하도록 해 줍니다.

 요리사 1명

 청소부 3명

 철물공 1명

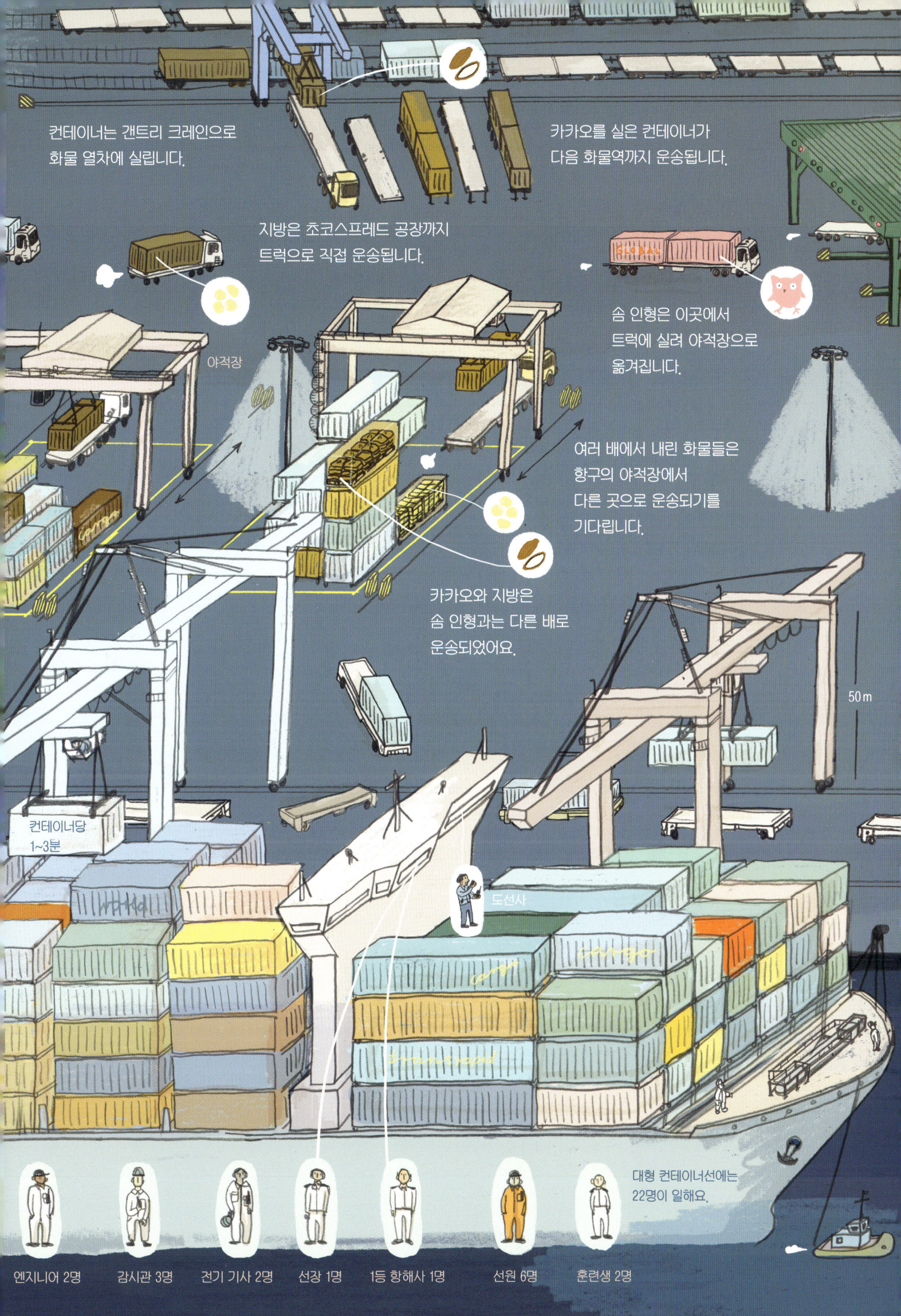

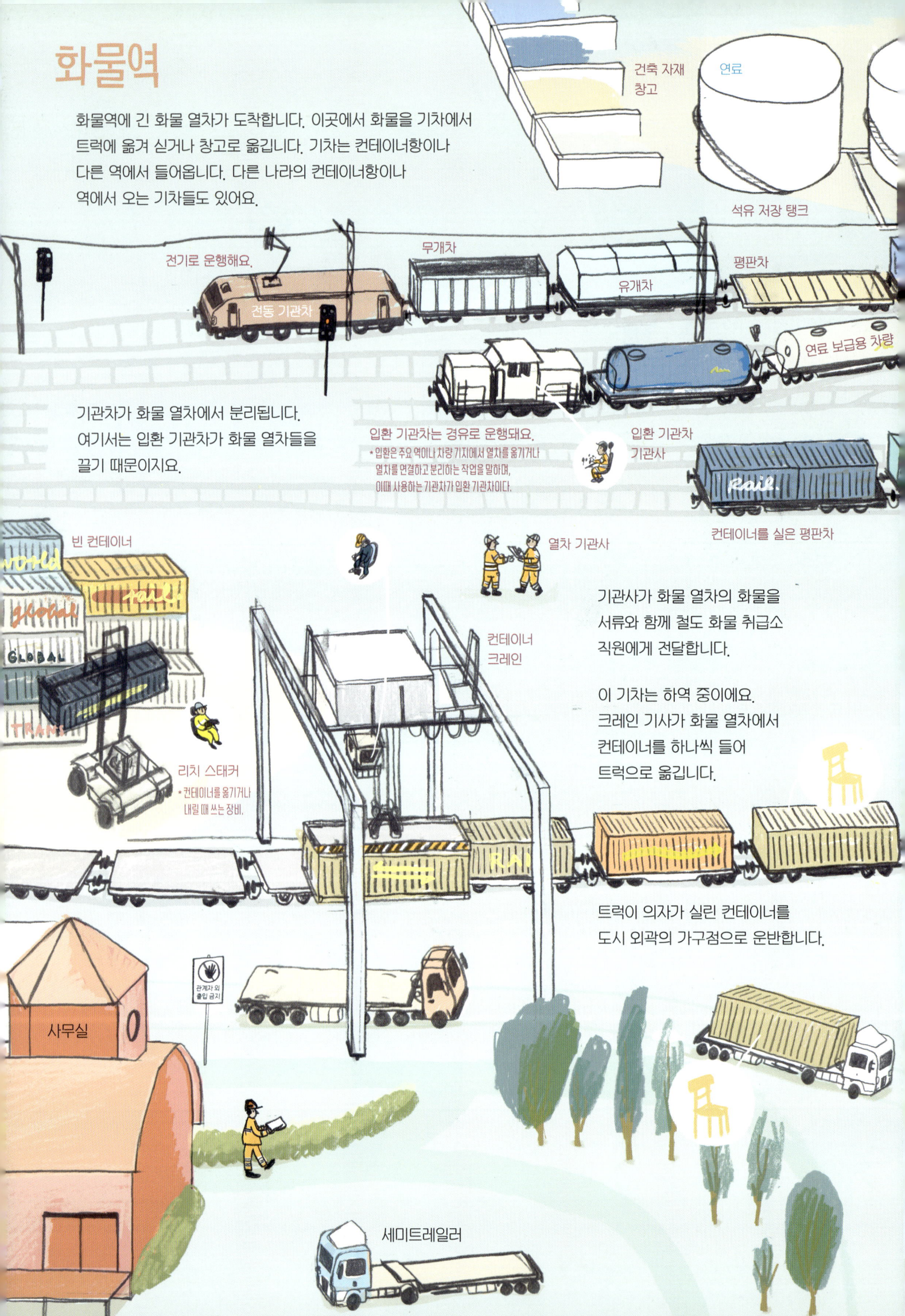

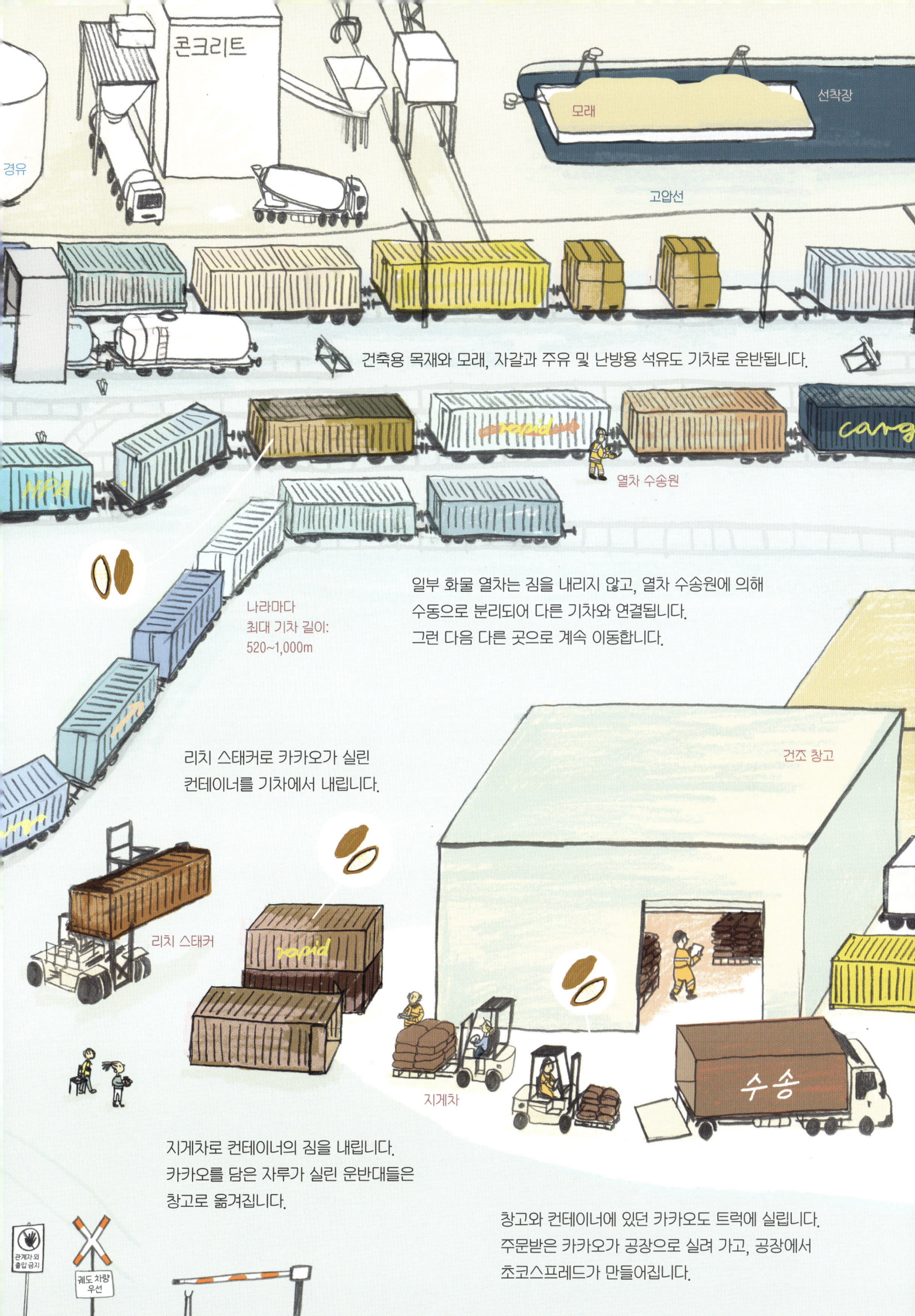

공항

비행기는 사람만 태우는 것이 아니고, 물건도 많이 싣습니다. 비행기는 장거리를 오갈 때 가장 빠른 운송 수단이지요.

관제탑

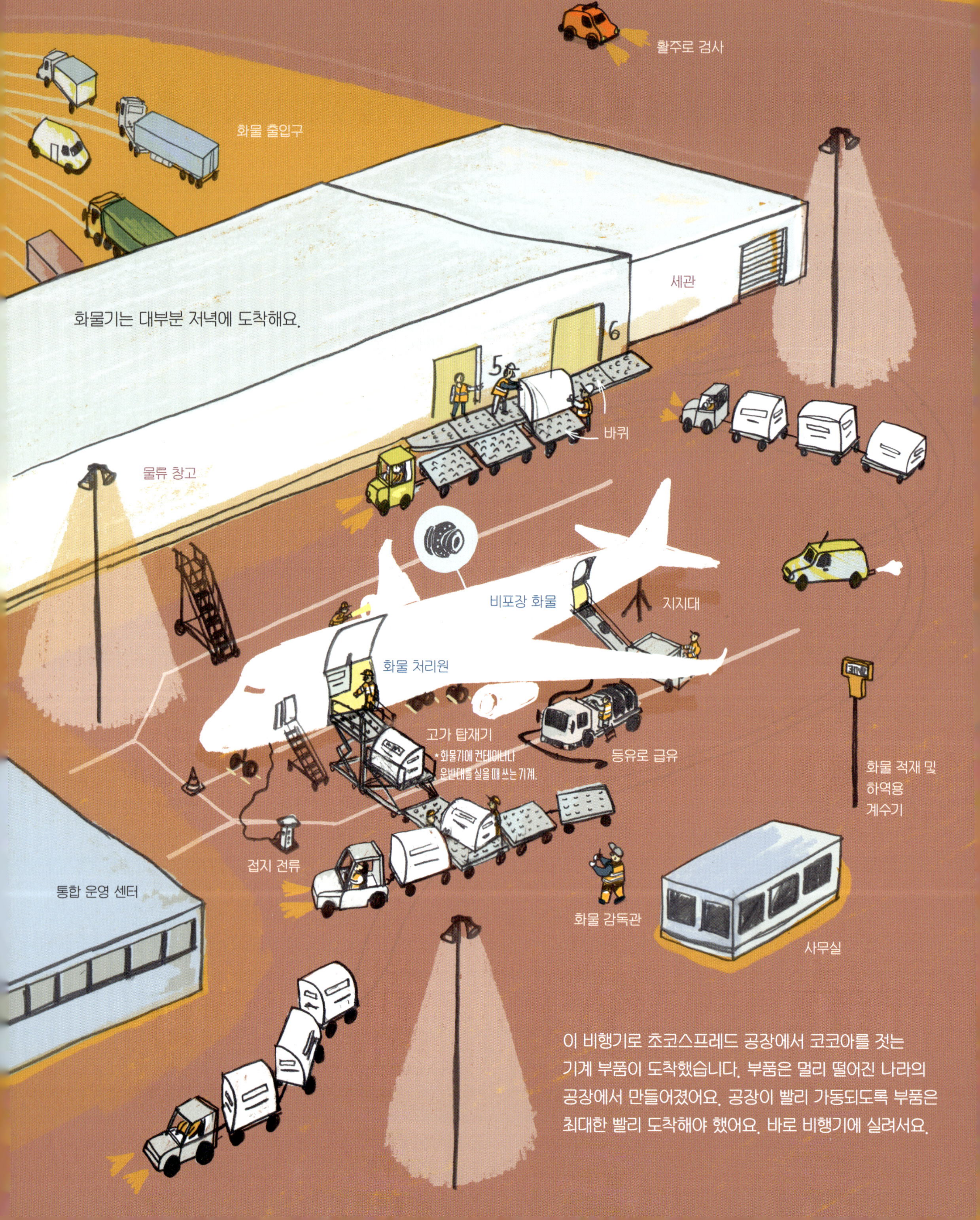

이곳은 공항의 화물 구역입니다. 화물은 '카고'라고도 합니다.

활주로 검사

화물 출입구

세관

화물기는 대부분 저녁에 도착해요.

물류 창고

바퀴

비포장 화물

지지대

화물 처리원

고가 탑재기
· 화물기에 컨테이너나 운반대를 실을 때 쓰는 기계.

등유로 급유

접지 전류

화물 적재 및 하역용 계수기

화물 감독관

통합 운영 센터

사무실

이 비행기로 초코스프레드 공장에서 코코아를 젓는 기계 부품이 도착했습니다. 부품은 멀리 떨어진 나라의 공장에서 만들어졌어요. 공장이 빨리 가동되도록 부품은 최대한 빨리 도착해야 했어요. 바로 비행기에 실려서요.

화물기가 착륙했어요. 이제 모든 일이 빠르게 이루어집니다. 비행기 뒤쪽 아래에 지지대를 놓아 짐을 내릴 때 비행기가 넘어지지 않도록 해 줍니다.

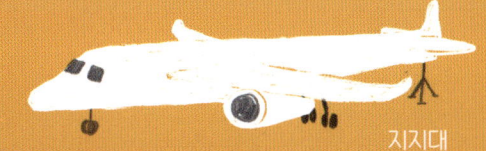

지지대

비행기에 기름을 넣고 전기를 연결해요. 터빈, 타이어, 기기 등 모든 것을 공항 직원들이 점검합니다.

감독관 업무 관리자 화물 하역 인부들 항공 정비사

모두 안전복을 입고 있습니다.

그리고 화물을 내립니다.

바퀴 바퀴
고가 탑재기

비행기에는 ULD가 실려 있습니다. ULD는 비행기에 잘 맞는 형태의 항공 화물 컨테이너예요.

ULD

컨테이너는 미끄러지지 않게 비행기 바닥에 자물쇠로 고정되어 있습니다.

컨테이너를 쉽게 옮기기 위해 바닥에 작은 바퀴들이 있어요.

컨테이너에는 화물이 들어 있습니다.

비행기에는 다른 물건들도 실려 있습니다.

통관 서류

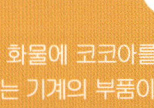

한 화물에 코코아를 젓는 기계의 부품이 들어 있어요.

꽃, 채소, 인체 장기, 휴대 전화, 낚시용 벌레, 의료 기기. 이것들뿐 아니라 포뮬러 1 경주용 자동차도 있습니다. 먼 곳으로 빨리 운송해야 하는 모든 것을 싣지요.

동물을 태운 컨테이너가 실리기도 합니다.

여객기 가운데 부분에 실리는 화물도 많아요. 좌석 아래 공간에 실리지요.

컨테이너들은 물류 창고에 옮겨서 스캔되고, 화물은 컨베이어 벨트에서 분류됩니다.

세관에서는 화물 속에 기록되지 않은 물건이 있는지 확인합니다.

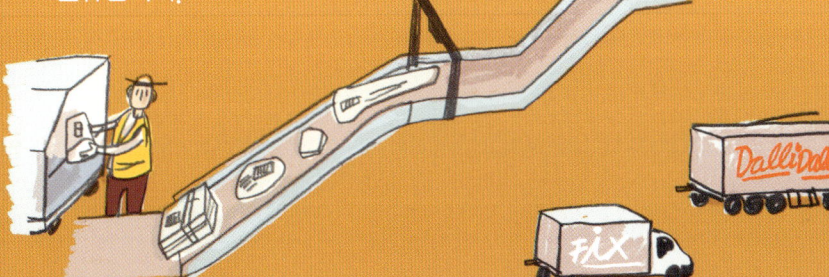

화물들은 물건에 따라 각각 다른 차량으로 운송됩니다.

택배 기사가 부품을 택배 차량으로 받아 가요.

모두 연결되어 있어요

도로와 들판, 철도, 주차장과 운송 경로는 어디에나 있어요.
모든 노선에 차량이 운행하고 있지요.

이 세상의 거의 모든 차량은 석유로 움직여요.

차가 움직이면 엔진의 석유가 연소되면서 유해 물질과 이산화 탄소가 생깁니다.

경유

등유

중유

자동차는 석유를 정제한 휘발유, 경유 등으로 움직입니다.

더 멀리, 더 빨리 달릴수록 석유가 더 많이 소비되고, 짧고 천천히 달릴수록 석유가 더 적게 소비된다고 할 수 있지요.

기차를 이용해 물건을 보낼 때 이산화 탄소가 가장 적게 배출됩니다. 대부분의 기차가 전기로 운행되기 때문이에요.

전기로 운행하는 자동차도 있어요. 자전거는 대부분 우리의 힘으로만 달리지요.

전기는 가스와 원자력, 석탄으로 생산합니다. 또 태양이나 수력, 바람으로도 유해 물질을 많이 배출하지 않고 전기를 생산할 수 있어요.

석유를 연소시킬 때 나오는 유해 물질은 우리 지구의 기후를 변화시킵니다.

운송 중 소비되는 석유를 절약하기 위해 많은 방법을 연구하고 있어요. 석유를 덜 소비하거나 다른 연료로 주행할 수 있도록 엔진과 차체를 개선하고 있지요.

제품도 변화되었습니다. 예를 들어 토마토는 일주일 이상 운송되어도 상하지 않게 재배되지요.

전에는 토마토가 4일만 지나도 상했기 때문에 비행기를 이용해야 했어요.

그러나 이러한 발전으로 석유가 덜 소비되는 것은 아닙니다. 운송이 더 간편하고 저렴해지면 더 많이 운송되고, 석유가 더 많이 소비됩니다.

기후가 변하면, 우리 지구의
자연 균형이 깨집니다.

예를 들어 태풍이 더 자주 발생하지요.
그것은 대형 컨테이너선에 실린 많은
화물을 잃을 수 있다는 뜻이기도 합니다.

어떤 원료는 멀리 떨어진 곳에서만 생산됩니다.
그래서 운송 경로가 매우 길어지지요. 이런 원료는 몇몇 소수의
나라가 전 세계에 공급하는 경우가 많습니다.

지구상의 모든 사람이
같은 일을 해도 똑같이
돈을 받지 않는 것은
운송 경로가 긴 또 다른
이유입니다.

물건은 대개 사람들이 가장 돈을
적게 받는 곳에서 생산됩니다.
그래야 공장주는 돈을 많이
쓰지 않고, 물건값은
더 떨어집니다.

보다 많은 나라가 무역을 한다면
이 세상에 전쟁이 줄어들 것이라는
생각은 아주 좋은 생각입니다.

한 나라에서 전쟁이 일어난다면, 전 세계에 운송을 하고
생산을 하는 일이 매우 어려워질 수 있습니다.

운송로가 그 나라를 지나거나, 원료가 그 나라에서 생산되기
때문이지요.

만일 그 나라가 전 세계에 곡물 같은 식료품을 공급하고
있다면, 상황은 더 어렵습니다. 목재나 가스, 석유도
마찬가지예요. 이것들은 항상 그리고 어디서나 필요하기
때문입니다.

우리는 석유 없이는 차량을 운행할 수
없고 운송도 할 수 없으며, 가스 없이는
물건을 생산할 수 없습니다.

무역을 통해 전 세계는 서로 연결되고
도움을 주고받습니다.

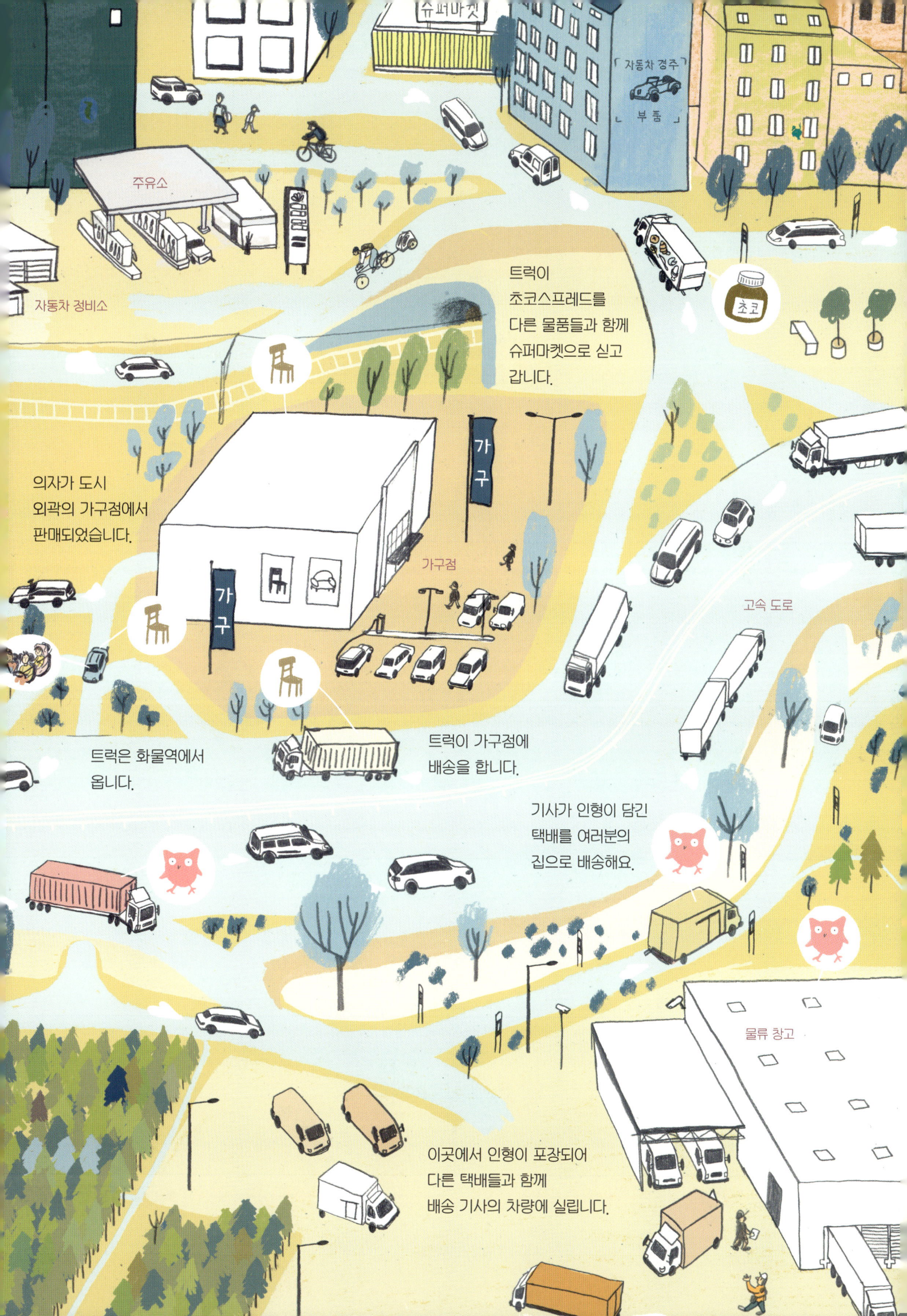

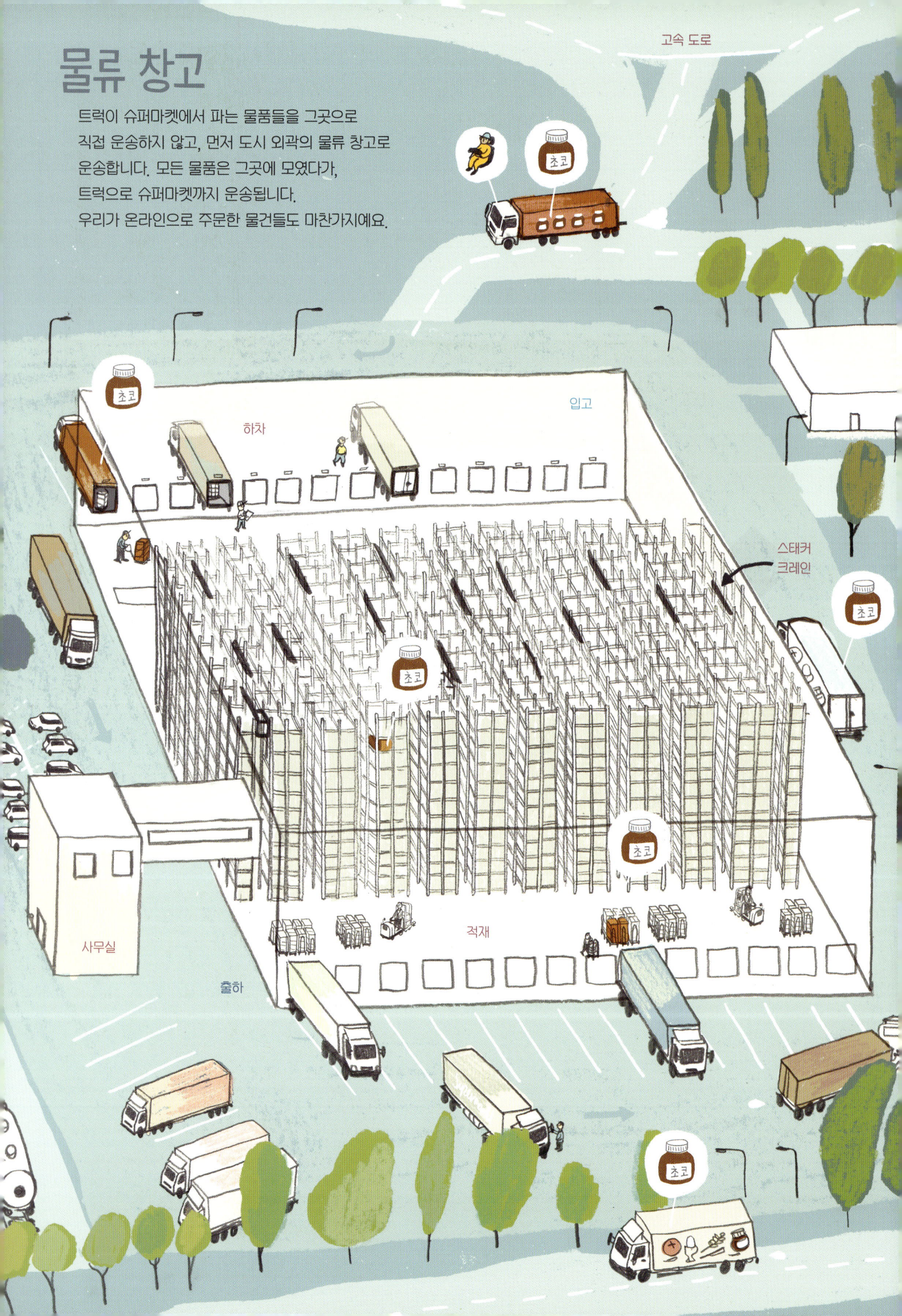

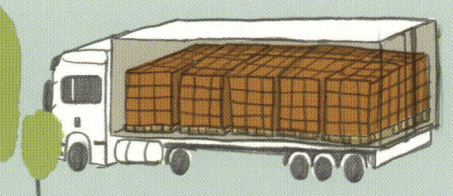
유리병에 든 초코스프레드가 공장에서 트럭에 실려 옵니다.

유리병이 운반대에 아주 많이 쌓여 있어요.

운반대는 크기가 똑같고, 물건을 층층이 쌓을 수 있습니다.

그래서 운반대는 세계 어디든 사용되고 있어요.
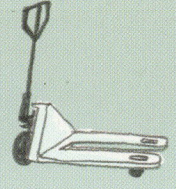

트럭이 창고에 도착해 짐을 내립니다.

여기서부터 자동으로 창고에 옮겨져요.

스태커 크레인이 보관 창고의 선반으로 운반대를 옮깁니다.

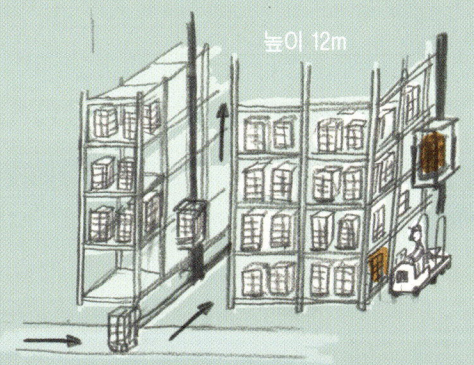
높이 12m

슈퍼마켓에서 초코스프레드를 주문받으면, 스태커 크레인으로 선반에서 꺼냅니다. 그러면 지게차가 운반대를 넘겨받습니다.

지게차 기사는 가야 할 곳을 자동 음성으로 듣습니다. 자동 음성은 슈퍼마켓의 주문 목록을 알고 있습니다.

트럭이 주문받은 물건을 싣고 아침마다 슈퍼마켓으로 갑니다.

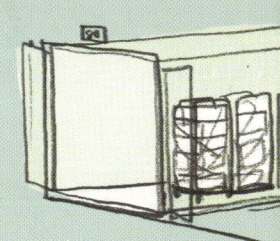

인형도 초코스프레드의 경우와 거의 비슷하지요.

인형이 트럭의 컨테이너에 실려 도착해요. 그리고 물류 창고에 보관됩니다.

여러분이 인형을 주문하면, 직원이 인형을 선반에서 꺼내 포장합니다.

택배 기사가 여러분의 집까지 인형을 싣고 가요.

물건은 여러 부분으로 이루어져 있어요. 그래서 좀 더 복잡해요.

그래도 물건들이 무엇으로 만들어졌는지, 원료는 어디에서 왔는지 알아낼 수 있어요.

식료품의 경우 뒷면에 원재료 목록이 적혀 있습니다.

시장에서

다른 제품의 경우에는 인터넷으로 검색해 볼 수 있어요.

토마토
식초
설탕

니켈 구리
금 합성 화학 제품
알루미늄

그러나 복잡해서 찾기가 쉽지 않지요.

할머니에게서

가구 공방에서

생일 선물로

확실한 것은 거의 모든 물건이 먼 길을 거쳐서 왔다는 사실입니다.

집에 멀리서 오지 않은 물건도 있나요? 한번 둘러보세요.

감사의 말

베를린 베스트하펜 항구의 크렌친 씨,
독일 철도 공사 도이체반의 매우 친절한 직원분들,
초코스프레드 회사인 누도시와 책을 펴내는 데
도움을 주신 킬 대학교의 '공급망 관리' 담당 교수님인
프랑크 마이젤 박사님께 감사합니다.

함께 생각해 주고 고민해 준 케테 씨에게 감사하며,

나를 든든히 지켜 준 필리프,
그리고 늘 함께하는 유리에게 감사합니다.

좋은 의견을 준 사라와
격려를 아끼지 않은 유쾌하고 멋진 편집부에
감사드립니다.

참고 여러분의 의자, 초코스프레드, 포근한 솜 인형은
실리지 않은 또 다른 경로를 통해서도 운송될 수
있습니다. 이 책에 나온 것은 다양한 경로의
한 가지 예일 뿐입니다.